세월이 물이다

세월이 물이다

초판1쇄 발행 2020년 5월 25일

지은이 정신자
펴낸이 이길안
펴낸곳 세종출판사

주소 부산광역시 중구 흑교로 71번길 12 (보수동2가)
전화 463－5898, 253－2213~5
팩스 248－4880
전자우편 sjpl@chol.com
출판등록 제02-01-96

ISBN 979-11-5979-357-8 03810

정가 10,000원

이 도서의 국립중앙도서관 출판예정도서목록(CIP)은 서지정보유통지원시스템 홈페이지(http://seoji.nl.go.kr)와 국가자료공동목록시스템(http://www.nl.go.kr/kolisnet)에서 이용하실 수 있습니다. (CIP제어번호: CIP2020020224)

* 잘못된 책은 교환해 드립니다.

정 신 자 시집

세종출판사

시에게

미안하다
아직도 넌 가깝고도 먼 당신이다

세 번째 시집을 내면서도
내던지고 싶었던 말
부끄럽다란 말 슬그머니 다가온다

가까이 가기 위해 배우고 공부할게
치열하게 노력해 볼게
치열함 세 글자 내 마음벽에 붙인다

2020년 5월

정 신 자

차례

시에게 • 5

1부

조약돌 13
어떤 새싹의 고백 14
개미 함부로 밟지 마라 15
바람 16
지렁이의 죽음 17
졸며 기도하니 18
엄마의 기도 19
광야 20
풍경 21
리필해 드릴까요 22
어떤 칭찬 23
그네를 뛴다 24
문 25
세월이 물이다 26
새해 27
구정 28
오늘의 해 29

2부

앞서 죽지 마라 33
라디오 34
지하철에서 35
손주 자랑 36
흉보지 말자 38
경상도 남자 39
강아지가 카운슬러 40
형제라서 41
할머니 또 자자 42
늙어서 43
김치 냉장고의 김치들이 44
봄날은 간다 46
꽃샘추위 47
얼음골 사과 48
목 쉬겠다 49
코로나 스승 50
웃기는 기도 51
더 고마운 건 52

3부

꽃들의 장례 57
떠난 봄 58
바람 59
티백을 우린다 60
난에 물을 주다 61
남은 가을 62
고양이야 미안해 (2) 63
개는 생각한다 64
아메리카 브루 65
겨자색 66
창포꽃 피우다 67
봄 68
보인다 69
새미오름 70
내 친구 71
사진을 찾다 72
검은 발 새닭 73
제주도에서 말을 줍다 74

4부

부탄의 신호등 79
부탄 소묘 셋 80
부탄에선 바람이 82
티벳의 소 83
황산 진경 84
황산에서 본다 85
라오거 협곡을 지나며 86
사닥다리 그림은 87
인레 호수 88
사탕수수 주스를 마시며 89
아이슬란드에 가면 90
뉴멕시코에선 구름이 91
뉴멕시코주에서 92
팠다하면 나온다 93
수니온 곶 가는 길 94
산타페에서 95
미서부에서 96
이과수 폭포 앞에서 97
비행기를 타고 가면서 98

5부

유효기간 101
풍경 102
메아리 103
얼마만한 짓으로 104
우리를 취醉케하는 세상 얘기 105
다육이 프로리페라 108
사형선고 받은 풀 109
그 봄의 소문 110
이 한마디가 111
부처손에게 112
편지 113
누군가가 114
엘 디아브로 레스트랑 116
나의 춤 117
아롱아! 118
주름살 120

1부

조약돌

시냇물이
졸졸 노래하며 흐르는 건
물속에 조약돌이 박혀 있어서야
그 조약돌에 부딪혀서 나는 소리래

내 속에
고난의 조약돌 박혔어도
쓰다듬으며 흘러갈래

고난이 있어
내 삶이
아름다운 노랫소리가 되게

어떤 새싹의 고백

이스라엘 남부에 있는 천연 요새 마사다

그 요새에서 2천년 된 씨앗을 찾았다네
놀라워라 그 씨앗이 엿새 만에 싹을 티웠네
종려나무 씨앗이었네

기적같은 신비한 생명의 힘이 어디에서 왔을까

새싹의 고백이네
나도 누구처럼 부활하려고
부활을 꿈꾸며 동면하고 있다가 깨었노라고

개미 함부로 밟지 마라

안도현의 시 '너에게 묻는다' 패러디

모처럼 새벽에 잠이 깼다

개미 한 마리
바쁘게 걸어 간다
이 녀석 이렇게 일찍
발로 밟아 죽이려다 발을 거뒀다

나에게 물었다
개미 함부로 발로 밟지 마라
너는
어느한때
개미처럼 부지런한 적 있었냐

바람

어느 날 보았네

가장 무서운 바람을

오래전부터
나도 모르게
내 속에서 키워온

이젠
피할 길 없는

벽이 된 바람을

지렁이의 죽음

더운 여름날
아파트 산책길
포장된 길에
말라 죽은 지렁이 몇 마리

몰랐구나

화단 흙 속에 살다가
더위에 가뭄에
목말라 나왔겠지

여긴 더 메마른 땅

되돌아 갈 수도 없어
죽음의 문 앞에서
절망으로 몸부림친
너희들의 고독이
길 위에 얼룩져 있어 맘 아프다

졸며 기도하니

하나님 아버지
주십시오
졸다가
소리내 기도하다가
졸다가

참다 못한
하나님 아버지께서
말씀하신다

뭘 달라는 거니
뭐라고 말하는지
못 알아 듣겠다

잠 깨면
다시 기도해라

네 하나님 아버지

엄마의 기도

새벽마다 기도 가셨다

씨앗을 심었다
눈물을 뿌리고
찬송으로 땅 다지고

새벽기도 마치고
귀가하시던 길
교통사고로 하늘나라 가셨다

씨앗
썩지 않고 눈을 떴다

세월을 넘어
오늘도
네 자녀의 마음밭에서
소망꽃 피운다

광야

인생자체가
광야를 헤매는 목마름
이건 나의 광야
누구에게나 건너야 하는
광야 있으니

불평과 감사는
한 그릇에 담겨 있다고

축복 받을 만한 그릇을
만들기 위해
감사를 담아 안고 걸어가야지

풍경

막걸리 병 앞에 놓고
껍질 깎지 않은
참외 한 개가 안주다

술 한 잔 마시고
참외 한 입 베어 먹고

광안리 바닷가
평상에 앉은 남자와 여자는
행복하기만 하다

바다 갈매기
두 마리 낮게 날고 있다

바다는 꿈꾸며 졸고 있다

리필해 드릴까요

리필의 시대다
마시고 난 커피잔에 커피를 채우고
쓰고 난 화장품 케이스에 화장품을 채운다
세제도 쓰고 나면 채우ㄱ
재활의 시대다
재생의 시대다

모두가 떠나고 나면
빈 가슴만 남는다

리필해 드릴까요
누군가가 가득 채워줄 것인가

TV에선
"사랑도 리필이 되나요?"
연속극을 하고 있다

어떤 칭찬

경치가 너무 좋네요
누구에게도
알리기 싫어요

음식맛이 너무 좋아요
아무에게도
자랑하기 싫은 만큼요

그네를 뛴다

높이 높이
오르자
높이 높이
날자

높이
오르려면

낮게 낮게
내려 가야

높이 높이
오를 수 있는 걸

그네는
가르치네

문

참 많은 문을 거쳐 왔네

엄마의 아기집 문을 열고
어떤 문은 열어 주어
어떤 문은 몰래 밀치고
문앞에서 서성대다
돌아오기도 했네
들어오라고 등 떠밀어도
들어 가지 않은 문도 있었지

이제 남은
내 마지막 문

하나님은 날 위해
천국문을 열어 주실까

세월이 물이다

산소에 갔다
오늘은 그가 간지 7년

시간이
물이 되어
슬픔도 아픔도 묽게 만들었나

그를 찾는 길
언제부턴가
울지 않고
내려오는 나를 보았다

새해

어둡고
두터운
구름을 제치고
불을 지핀다

가슴에 품고 다닌
젖은 꿈
꺼내어
말린다

구정

음력설이 있어 고맙다
새해 밝아
신정 맞아 결심한 계획들

한 일 없이 한 달이
유야무야 흘러 갔네

구정이라
새로 맞은 음력 새해

다시 계획하고 결심한다

새해엔 하리라
올해엔 꼭 하리라
새롭게 다짐하게 해 주어 좋다
다시 한 번 기회주어 고맙다

오늘의 해

지는 해를 본다

해는 몸담았던 하늘을 물들이고
떠나면서 말한다
내일 다시 올게

내일이면 다시 올건데
마지막 날인양
다시 오지 않을 것처럼
그렇게 풀었네
보았던 빛깔 들었던 얘기를

그래 맞아
오늘의 해는 오늘로서 가고
내일의 해는
새로운 내일의 해네

다시 오지 않을
오늘의 해

2부

앞서 죽지 마라

등이 굽은 할머니가

유모차에
작은 개를 태우고 간다

개의 눈에 눈곱이 끼었다

이제 남은 가족은 둘 뿐일까

이름모를
할머니의 개야

할머니보다 앞서 죽지 마라
할머니가 돌아 가시거든
그때 눈을 감아라

라디오

C선생님댁은
거실에 라디오를 꺼지 않는다
외출할 때도 켜둔채다

혼자 빈집에 들어설 때의
적막이 싫어서란다
사람소리가 그리워서란다

아내 보낸지
2년이 넘었는데도
아직 그런단다

지하철에서

밥은 잘 먹냐

안 남기고 먹어

튼튼하게 잘 노냐

밖에 나가면
좋다고 고함을 질러

지하철 옆자리에 앉은 두 할머니의 대화

손주 녀석 얘긴 줄 알았는데
기르는 강아지 안부였네

손주 자랑

"할아버지 뭐 하노"
"응 그림 그린다"
"무슨 그림 그리는데"

다섯 살 난 손녀가 눈을 깜빡이며 묻는다

"눈 내린 그림 그린다"
"어떻게 그리는데"
"흰 물감으로 칠한다"
"으응 으응 그러면 아무것도 안 보일 건데"

그러더란 손주 얘기하며 이 화백의 입은 다물어지지 않는다

"할아버지 로봇 사줘"
"이 녀석 장난감 많잖아"
"안 사주면 나중에 할아버지 제사 안 지내 줄끼다"

초딩 1학년짜기 손자가 그러더라며
그 녀석 그 녀석 허허허 허허허

어버이날
손자와 손녀가 갖고 온
“할아버지 할머니 행복하십시오”
편지를 읽으며 “어버이날인데 엄마 아빠한테 편지
안 보내고 할머니 할아버지에게 편지 주노”
그러니까
“엄마 아빠는 나중에 자기 손자 손녀한테 받으면 돼지요”
그러더라며 일곱 살 짜리가 ‘행복’이란 말은
또 어떻게 아는지
허허허 허허허…

흉보지 말자

교양없이
큰 목소리로 말한다고
흉보지 말자

귀가 나쁘니
목소리가 커지고

눈이 나쁘니
글씨가 커진다

경상도 남자

며느리 연수 가서
아들이 출근 길에
손자 녀석 유치원에 보냈다

할머니가 손자 데리러 간다고
유치원 선생님께 전화하랬더니

아들이 하는 말

엄마 그냥가서 달라캐라
달라 카머 줍니더

할머니 웃으면서 하는 말
아가 물건이가
경상도 남자
참 무뚝체

강아지가 카운슬러

강아지가 카운슬러
어느날
나는
강아지에게 얘길 걸고
녀석은
그냥 나의 고민을 들어주고 있었어요
그거면 됐다고 생각했어요
실연당해
서울에서 낙향해 고향인 통영에서
〈커피 볶는 남자〉란 찻집을 연
남자가 커피를 볶으면서 던진 얘기다

형제라서

된장국을 끓이며
두부를 넣는다

된장은 온몸을 들썩이며
두부를 맞는다
둘은 반갑다고 야단이다

된장과 두부가
저래 얼싸안고 반기는 건

같은 부모를 둔
형제라서 그렇꺼야
형제라고 저럴 거야

할머니 또 자자

며느리 물건하러 일본에 가고
다섯 살 난 손자 맡았다

하룻밤 자고 아침에 일어난 손자녀석
할머니 또 자자
할머니 또 자자고 조른다

손자보고
엄마 두 밤 자면 온다고 했더니
낮인데도 또 자잔다

늙어서

엄마라는 말
듣고 싶은
생각이 없던 내가

할머니하고 부르는
손주녀석
있었음 좋겠다는
생각이 드는 건

내가
늙어도
참 많이 늙었단 얘긴 거지

김치 냉장고의 김치들이

수성 사인펜으로 쓴 이름표를 달고
옹송옹송 모여 있다

이 여사댁에서 온 갓김치 2019년 4월
류선생 집에서 온 파김치 5월
진동 시누님댁에서 온 지난 가을 김장김치

혼자 살아 김치 담그지 못한다고
챙겨주는 마음이 고마워 주는데로 가져와
이름표 달아 넣어 두는 김치 냉장고
수요보다 공급이 넘쳐
묵은 것 햇것 함께 모여 있다

오늘 문 열고 김치를 넣는데
모여 있던 김치들이 아우성이다

사랑하지도
챙겨주지도 않으면서
욕심만 넘치네요 정여사님
그러면서

묵은지된 김치들
발효되어 사랑된다

봄날은 간다

노오란 개나리 꽃은 가고
파아란 잎이 와서 앉았다
벚꽃 흐더러진
달맞이 고개길을
가는 봄날 잡으러
차를 타고 달린다

봄이 업혀 떨어진다

꽃샘추위

떠나 가기 싫어
살그머니 뒷걸음치는 겨울

일찍 온 봄이
감기 걸렸다

콜록 대며 기침을 한다
봄이

얼음골 사과

얼음골 사과엔
얼음이 없다

얼음골 사과를 자르면
씨방 둘레로 모여 있는 노오란 꿀들

따가운 햇살
차가운 날씨 칼바람에
입 앙다문 아픔이 모인 게다

얼음골 사과엔
얼음이 있다

목 쉬겠다

귀뚜라미가 운다
우는게 아니라
노래하는 겔까
밤 내 운다
아니 노래한다

손님 오셨다고
한국에서 이 먼 미국 앨버커키까지
주인마님 친구 넷이 놀러왔다고
환영의 인사인 게지
목소리가 크고 맑다

귀뚜라미야
목 쉬겠다 좀 쉬어라
너 마음 알겠다
목 쉬겠다
그만 뚝

코로나 스승

모두가 말하네
코로나가 가르쳐 주었다고
깨우쳐 준다고
잊고 살았던 소중한 것 찾아 주었다고

사회적 거리 두기보다 겁나는 건
마음의 거리 두기
원망 불평 놓았던 자리
소소한 행복에 감사한 마음 앉았네

동화 속 행복의 〈파랑새〉
날아가지 않고 집에 있다고

가르쳐 주네

웃기는 기도

한 달에 3일 특별새벽기도회
기도의 십일조
다른 날은 몰라도 이 3일은 꼭 가려고
잠자기 전 하나님께 기도한다

아버지 하나님
내일 새벽기도회에 늦지 않게
잠 깨워 주십시오
깨워 주셨다 알람이 되어 있어도
들리지 않았는데 정확히 네시 반에 들렸다

사흘이 끝난 날 밤 기도한다
아버지 하나님
사흘 동안 깨워 주셔서 감사합니다
이제 깨워주지 않으셔도 됩니다
잠이 깰까봐 또 이런 기도 한다

하나님 아버지께서 이러실 것 같다
참 웃긴다
그래도 아버지처럼 친근하게
생각하니 네 마음이
고맙구나

더 고마운 건

서울 가는 길
고속도로 휴게소
휴식시간 끝나고 버스에 올랐다

빈 넓은 좌석으로 자리 옮겼다
녹음된 멘트
"승객 여러분 즐거운 휴식시간이 되었습니까
옆자리에 안타신 분은 없는지 살펴 보시기 바랍니다"
"기사님! 옆자리의 아줌마가 안탔는데요"
자리 옮기기 전 옆자리 할아버지의 황급한 목소리
"9명이 맞는데요" 기사님의 말
"아 제가 자리를 바꿨습니다
챙겨주셔서 고맙습니다"라고 말하면서

더 고마운 건
할머니라 안하고 아줌마가 안 보인다고
해서 고맙습니다
마음 속으로 중얼거렸다

버스가 속력을 내고
나의 시간도 함께 달린다

3부

꽃들의 장례

활짝 핀 화원의 꽃들이
트럭에 가득 탔다

이 많은 꽃들 어디갑니까 물었더니
가 보면 압니다

축하도 애도도 실종되고 미뤄진
2020년의 봄

팔려가지 못한 꽃들을
빈터에서 시들어 말리려고 가는 길

꽃의 장례다
눈물 담은 마음의 꽃
한 송이 피워 너에게 바친다

떠난 봄

잘 가라는
인사말도 못했는데

잘 있으라는
말도 없이 떠나가 버렸네

바람

바람이 부는게 아니라
때린다
큰 손바닥으로
바람이 크다

티백을 우린다

화개장터에서 사온
녹차가루 넣은
티백을 물에 우린다

실끈을 잡고
물에 넣었다
잠갔다
흔들다가 건져 올린다

연한 녹색이
차차 진하게 번진다

푸른 하늘에
구름이 흐르고
녹색의 바람이 분다

아침 이슬이 맺히고
서리가 서린다
섬진강의 배젓는 소리
쌍계사 종소리가 퍼진다

난에 물을 주다

쉬어잇 쉬어잇
따르르르

작은 모래돌들이
물 먹는 소리가 난다

팔월 말
구월 초
난향을 풍기며
꽃들이 피더니
이젠 다시 피어주지 않는다

물을 주며
시도 때도 없이
피어달라고
정성을 쏟아
넣어본다

쉬어잇 쉬어잇
따르르르

남은 가을

아직 떨어지지 않고
나무에 달려 있는
남은 가을을 보러
내원사에 갔다

떨어진
늦가을을 주워
책갈피에 편다

박제된 압화
책속에서
남은 가을을
그냥 그대로 살아라

고양이야 미안해 (2)

아침 산책 가는 길
아파트 화단에 까치울음이 요란타
까치 목소리가 저렇게 큰가 새삼 놀랐다
가까이 가 보니
고양이가 게걸스레 뭔가를 먹고 있는데
고양이를 쫓아내려고 까치 두 마리가 저 야단이다
소문이 났구나 아파트 정원의 까치들까지도 알구나
고양이 울음소리 시끄럽다고
병원에 끌려가 목소리도 뺏기고 짝짓기도
못하는 약한 몸이 된 것을
까치한테 쫓겨 가는 고양이를 보면서
먹다 도망간 음식이 뭔지 보았다
삶은 라면이다

까치 녀석들 저희들이 욕심낼 음식도 아니건만
힘 빠진 고양이라고
앞뒤에서 종종대며 고함쳐 쫓아냈구나

고양이야 미안해
정말 미안해

개는 생각한다

개가 개인줄 모르고
사람인줄 아나봐라고
사람들은 말한다

내가 사람이 아니라
사람이 나 같은 개라고
개는 생각한다

아메리카 브루

아메리카에서 왔을까
이름이 그러니
달개비꽃 푸른색
달개비꽃의 부드러움을 가진 꽃
잎도 꽃도 가녀린 꽃

놀라워라

여행으로 집 비운지 20일 만에 돌아와 보니

억센 잎으로 무성하게 자랐다
그렇게 가녀린 꽃잎 속에 저렇게
억센 잎이 줄기가 숨어 있었다니

놀람보다
무섬증이 확 드네

겨자색

올 봄은
겨자색이 아프게 예쁘다

산수유
생강나무꽃
애기똥
유채화
개나리꽃

올봄은 꽃들이 슬프게 아름답다

창포꽃 피우다

베란다 키낮은 돌절구 속에
노란 꽃 피운 창포 한 송이
10년 만이다
봉오리 맺힌 것도 못 보았는데
저녁 외출하고 돌아와보니
꽃 피었네

예쁘다 기쁘다 눈물겹다
놀랍다
10년 동안 기다려
꽃피운 너의 인내가
너 속에 숨은 의지가

나의 이름은 창포
나의 이름은 창포
되뇌는 너의 목소리 들린다

봄

맘보다
봄이 먼저 와서
문 앞에서 서성댄다

나와서
걷자고
앞장서 종종대며
느릿느릿 뒤따르는
날 향해

초록빛 고운 눈흘김을
아지랑이에 섞는다

보인다

개울가
돌을 뒤집어 보면

흙탕물
잠시 일다

바닥에
숨겨 논

고동
민물 새우 수염 보인다

내 유년의
발잔등이 보인다

새미오름

제주도 오름 꼭대기에
샘이 나온다고 해서
오름 이름이 새미오름이라네

얕은 샘
새까맣게 헤엄치는 올챙이떼
아냐
그애들은 헤엄치는 게 아니라
꼬물대고 있었어

개구리로 뛰어나갈
그날을 마음으로 만지작대네

내 친구

미국 남서부 뉴멕시코주
황막한 땅
그곳에서 만난 반가운 얼굴

내 속에서 살던 숨은 얼굴
황막함

모래와 자갈 속에서
바람이 축축하지 않아
땅이 말라도
햇살로 가슴을 적시며
꽃 피우는 얼굴

살아있음에
감사하는 저 꽃이
내 친구라네

사진을 찾다

포스토니아 동굴에서 동굴열차를 타고 출구로 나오니
사진이 주욱 걸려 있다
동굴열차를 탄 관광객을 사진사가 찍은 사진
그 속에 낯선듯 낯익은 나의 얼굴도 있다
찾으면 5유로 란다
사진 속의 내가 나를 본다
생각보다 늙고 못난 내 모습
사진을 찾지 않고 두고 오려니 먼 슬로베니아에
나를 버려두고 오는 생각이 들어 찾아온다
인디언 속담이 생각난다
'빨리 달리듯 걷지 마라. 그러면 너 영혼이
미처 따라오지 못한다'는 말이
앞으로 나의 날들의 걸음이 영혼이 잘 따라오나
뒤돌아 보며 확인하는 천천한 걸음이길
사진을 찾지 않아 폐기되는 게
영혼을 두고 오는 것도 아닌데
사진을 찾아 오며 내 영혼도 함께 챙긴 것 같은
생각을 하는 걸 보니
내가 늙긴 늙었구나 하는 생각이 든다

검은 발 새닭

경주 포석정 가는 길
죽림식당에 삼계탕 먹으러 갔다
'국내산만 사용합니다'
입구에 안내판이 붙었다

넓은 마당에서 나무그늘에서 신나게
놀고 있던 닭들 우릴 보고 소스라치게 놀란다
'네 사람이다'
'우리들 중 두 놈은 이제 죽었다'

양푼이에 올라온 삶은 닭 두 마리
'까만 발 있는게 토종입니다
새닭이라 100m까지 납니다'
닭의 까만 발이 토종인 걸 증명하듯
웅크리고 쳐다 본다

'100m까지 난다면서 미련없이
날아 도망가지 바보처럼'

평상 옆 마당에서 내려다 보던
감나무 가지 하나
눈물인 양 잎 하나 떨군다

제주도에서 말을 줍다

'새소리 바람소리 길
눈도 귀도 마음도 산책 중
느려도 좋아요
자연은 원래 느려요'

산책길 이름이 바람소리길 이름이 예쁘죠
그보다 느려도 좋아요란 말이 더 마음에 날아오네요

'채우셨나요 비우셨나요'

잔디 광장에서 잔디가 철학자가 되었네요

석부작 박물관에 가니 '용암의 신비를 담은
예술정원'이라고 오래된 족보를 들추어 보이네요

'사랑과 자비의 씨앗을 품고 있죠
언젠가 씨앗을 틔울 것이다'

어디서 주운 말인지 모르겠어요 나도 이런
씨앗 품었음해요

이리저리 거닐다 주워 왔어요
걱정말아요 주워왔지만
제주도 가면 그대로 다 있어요

4부

부탄의 신호등

가난하나 마음은 가장 부자인 나라
부탄의 길을 차로 간다

차선이 없는 외길
신호등도 없는 외길
마주오는 차에 길을 비키며 멈추어 기다리며
돌도 치워가며
큰소리 하나 없이 낯붉힘없이 10시간을 타고 간다

세계에서 유일하게 신호등이 없는 나라
인간미 없다는 주민들의 불평에
하나 설치했던 신호등도 없애 버렸다네

부탄의 신호등은
서로의 눈길이다
서로를 배려하는 마음이다

따사로운 인간미로 켠 부탄의 신호등이며
꺼지지 말고 오래오래 켜있거라

부탄 소묘 셋

하나, 별

하늘에서 쏟아지지 않으려고
떨어지지 않으려고
용을 쓰며 매달려 있다
얼굴이 새빨갛다

둘, 부탄의 개

잠만 잔다
짖지도 울지도 않는다
지켜야 할 것도
공격할 누구도 없다
할 일이 없다
그래서 잠만 잔다

셋, 빨래

삶지 않아도 깨끗하다
물이 맑아서
바람이 깨끗해서
잡생각 없이 빨래해서

빨래하는 마음이 하얘서

부탄에선 바람이

부탄에선 바람이

때리지 않고
고함지르지 않고
속삭인다

바람이 사람을 닮았나
사람이 바람을 닮았을까

티벳의 소

티벳 방다 대초원

하늘도
바람도
물도
풀들도 맑다

걸림이 없는
무욕의 땅

소들의 상글레라

스트레스 없이 자란 소는
스트레스 받은 소보다
맛이 있을까
맛이 덜할까

세상때 묻은 나
괜히 소들에게 부끄럽다

황산 진경

안개가 피어올라
산을 가려야

구름이 내려와
산을 싸야

그래야
산이 더 잘 보인다

그게
황산의 진경이다

황산에서 본다

"풍경을 볼 때는 걷지 말고
걸을 때는 풍경을 보지 말라"

조심해서 걸으라고
산을 찾은 손님 걱정해서 쓴 글이
황산의 풍경이 제자랑 하는 것 같네

"사람이 자연의 풍경을 보고
풍경이 사람의 문명을 본다"

걷다가 또 본다
이제 은근히 훈시도 하네
구시렁거리는 내 입을
장엄한 풍경의 두터운 손바닥이
탁 털어 먹는다

굳은 목 가벼워지네

* 중국 황산의 표지판에 한글로도 적혀 있다

라오거 협곡을 지나며

차마고도 최고의 절경지대인
라오거 협곡을 지난다

험준한 바위산이
그 위에 걸린 구름이 물이 나무가 만든
풍경이
내 잠을 앗아갔다
잠들 수가 없다
흐르는 풍경을 놓치니까

보는 것만으로도 가득차는 가슴
차로 몇 시간을 달려도 지루하지 않다

티벳의 산하여

수다스럽지 않은
그 장엄함에
나도 입을 다무네

사닥다리 그림은

알랑창포 강을 끼고 간다

하늘에서 보면 거대한 은빛 용이 날아가는
모습이라 티벳사람들은 하늘의 강
텐허天河라고 부르는

강을 끼고
산을 따라
쌈예사원 가는 길에 만났다

바위산에 그려진 사닥다리 그림 몇

물결 센 앞강에 수장한 영혼이
하늘나라 갈 때 힘들세라
사닥다리 타고 가라고
그려둔 그림

사닥다리 오르는 혼들 뒷등을
마음으로 밀며 간다

인레 호수

물이 땅이다
산에 올라가지 않아도
산이 내려와 물 위에 놀고 있다

수경 재배한 토마토 고추
물옥잠 수련도

씻고
마시고
버리고

강은 바쁘다

물이 물을 씻는다

물옥잠이 강을 씻는다
함께 산다
호수의 아들이란 안타족과 함께

* 인레 호수 : 미얀마에서 두 번째로 큰 호수

사탕수수 주스를 마시며

큐바 시엔페고스 안헤니오
계곡에 있는 마나까 농장

옛날 흑인 노예를 부려
사탕수수를 심고 설탕을 생산하고
가공했던 곳
흑인노예를 감시하려 지은
6층의 감시탑이
인간의 오만으로 지어 올린 바벨탑같네

사탕수수를 농축한 주스를 사서 마신다
달콤한 주스에
그 옛날 흑인노예들의
한스런 슬픈 노래가
얼음으로 뜬다

가슴이 싸아하니 시려오네

아이슬란드에 가면

이름처럼 얼음의 땅

만년설이 살아 숨쉬는 땅
유빙이 둥둥 떠다니는 빙하의 땅

아니, 불의 땅이다

땅은 지금도
온천으로 간헐천으로
땅을 쪼개며 거친 숨을 뜨겁게 내뿜고

아이슬란드는 물과 불의 땅이다

화산활동과 빙하작용으로
함께 호수와 폭포를 만들며

얼음과 불이 함께 산다
물과 불이 친하게 지낸다

뉴멕시코에선 구름이

하늘의 구름이 바쁘다

사람들이 심심할세라
낮게 내려와
온갖 그림을 다 그린다

수묵화를 그리다가
팝아티스트도 되었다가
아이들의 낙서같은 재롱도 부리다가

그린다
지운다
지운다
그린다 덧칠도 한다

맘에 들어요
맘에 듭니까 그러면서

뉴멕시코주에서

미국의 서부 뉴멕시코주에 왔다

이름처럼 멕시코 마야문명이
인디언의 슬픈 춤과 노래가 스며 있는 땅
인디언 그들의 영혼에서 자유롭지 못한 땅

비가 잘 오지 않는 땅
사막의 냄새

바람이 말라서
공기가 태양이 맑아서
물 뚝뚝 흐르는 빨래도 웃으며 춤추며 잘 마른다

사막이 아름다운 건
오아시스를 품어서라고 하지만
아니야 사막은 사막자체로 아름다워

선인장이 가시로 나를 찌르는 건
미움이 아닌
사랑의 확인임을 여기 와서 확인했네

팠다하면 나온다

– 그리스에서

그리스 전체가 유적지
섬도 바다도
팠다하면 나온다

고대가
중세가
로마시대가 시공을 넘나들고

길을 걸으면
신화 속의 신들도 튀어 나와
어깨를 툭치며 걸어 간다

그리스에선
허물어진 터와 기둥 돌 위에도
걸터 앉아선 안된다

신들의 거처였을지도 모르니까

수니온 곶 가는 길

– 그리스에서

발칸 반도의 최남단에 있는
바다의 신 포세이돈 신전에 간다

수니온 가는 길
포세이돈 길

수니온은 육지에서 바다로 툭 튀어 나온
날카로운 절벽
아테네 신과의 경쟁에서 진 포세이돈을 위해
이 외로운 곳에 세운 신전

오이디프스의 비극을 재연한 영화 〈훼드라〉
계모를 사랑하는 아들 안소니파킨스가 모차르트의
음악을 들으며 함께 노래하듯 절규하며
운전대를 잡은채
계모의 이름인 훼드라를 부르며
바다속으로 떨어지던
그 길도 수니온 가는 길에 있다

나는 이 길 위에서 누구를 만날 것인가

산타페에서

미국 서부에 있는 미술의 도시 산타페에 왔다
스페인 인디언 앵글로 문화가 조화를 이루고
300개가 넘는 갤러리가 있는 곳

밝은 햇빛
넓고 푸른 하늘
깨끗한 바람 맑은 공기가
수십마일 먼 곳도 선명하게 보이는
자연의 아름다움이 예술가들을 불렀네
그래서 미술의 메카가 되었네

스페인 말인 산타페는 성스러운 신앙이란 뜻이라지

산타페를 걸으며 중얼거려 본다
나도 여기 오래 살면
좋은 그림 한 점 축복처럼 내릴까

미서부에서

끝이 보이지 않는다
채소밭이
포도밭이
목장이

그 속에 집은 작은 섬이다

돌아가 만날
다 합쳐도 한 집의 포도밭보다
작은 안성의 포도밭이
우리 논밭이
다랑이 논이 눈앞에 꼬물거려
정답고 눈물겹다

이과수 폭포 앞에서

와아! 와아!
놀람과 감탄사도
*'악마의 목구멍'이
다 집어 삼킬세라

내 목구멍 속에서
아무 소리도
내 놓지 않는다

침묵으로 맞선다
할 말을 잊었다

이과수! 위대한 물이여
영혼의 블랙홀이여

* 악마의 목구멍
아르헨티나쪽에서 본 이과수폭포로
최대 낙차 100m가 넘는 폭포

비행기를 타고 가면서

좌석이
비행기 날개가 보이는 창가다

은빛 날개가
싱싱한 생선의 지느러미같다
물살을 가르며 푸른바다를 헤엄치는
제철 만난 생선의 지느러미
기억의 은빛 비늘 세어 본다

구름 아래 산들은
물에 잠긴 섬처럼 잠겼다 몸통을 들어 내고

몰려 오는 구름이
*얼음 보송이같아
눈으로 아삭아삭 떠 먹으며 간다
다섯 시간의 지리한 비행시간 함께 담았다

* 얼음 보송이 : 아이스크림의 북한 말

5부

유효기간

유효기간을 잊고 산다

유효기간을 모르니까 잊고 사는 걸까

내 삶의 유효기간

풍경

– 부산회화제에서 본 강영순 그림

적막과 적요가 흔들리고 있다
깨고 있다
깨지고 있다
나무그늘에 숨은 새 한 마리가
노래를 불렀을까
노래 아닌 내재율의 산문시를
음송해서 인지도

어느날 숲에 숨어 가리워진
이름모를 새가 그 모습을 드러낼게다

그날의 풍경은 어떻게 변할까

시간과 공간이 조각난다
끌레 그림의 조각 같다

깨어진 공간의 조각 안에
아직은 남은 시간의 적요가 들어 앉는다

메아리

– 여홍부의 '산과 메아리'전을 보고

생명과 기쁨이 메아리친다
수묵화 산수화 같은 그림 위에

산은 휴면기를 지나 노래를 부른다
그러다 침묵할지
아니면 절규할지

산의 메아리가
이제 산새를 키운다
그의 메아리에
새가 놀러 왔다

물고기도 헤엄친다
산의 메아리가
강의 메아리가
물결 같아서

집에 돌아오니
뒤따라온 메아리
먼저 문 열고 들어선다

얼마만한 짓으로

– 박민전 설치 미술전 보다

어둡다 입구부터가 다르다
〈전람회 하죠?〉〈네〉
전람회장에 들어서니 발에 닿는 뭉클한 낯선 감촉
놀래라 무언가 푹신한 것에 신발이 빠지는 것 같다
구두를 뺐다
감촉 촉감
이번엔 소리다
태아의 박동같은, 심장의 고동같은 소리 느낌과
진동이 온다
연결된 파이프로 심장같기도 거꾸로 매달린
박쥐같기도 나방 같은 것이 바람을
머금었다 내뱉기도 하면서 계속 새로운
생명체를 만들며 숨쉬고 있다
촉각과 시각 청각과 공감각 감각의 제국
원형질적인 생명을 품고 있는 태내 같기도
무의미한 저항의 몸짓같기도 한
색다른 체험의 장

사람들은 얼마만한 짓으로
낯선 것을 만들어 가고 있는지

우리를 취醉케하는 세상 얘기

\- 주보酒普 최현자가 들려주는

그가 그린 세상 얘기에 나는 취했다
그의 그림은 보여 주는 것만이 아니고 얘길 들려 준다
그가 이끌어가는 세상 얘기는 낯선 세상이 아니다
우리가 살았었지만 잊고 있었던 세상
우리가 잊고 있었지만 우리속에 깊숙이 녹아 있는
세상얘기다
그 세상은 우리가 떠난, 등진 실낙원이 아닐까
그래서 회귀하고픈 세상이다

그의 그림에는 도가적인 신선사상이 우리의 산하에서
서사문학으로 얘기하고 운문으로 옷 입고 나와 노래한다
전설이 있고 설화가 있고 시가 있다
고려가요도 있고 향가도 있다
'십장생도' 같은 민화의 향기도 있고
'심우도' 같은 불가의 얘기도 있다

그의 그림에는 모든 것이 혼유되어 있다
아우라져 너가 난지 내가 넌지 모르겠다
물아일체物我一體 물심일여物心一如다
배경이나 그림 속의 사람도 동물도 식물도

산도 강도 나무도 꽃도 바위도 자유자재로
'그저' 그렇게 있다
코뚜레를 꿰지 않은 부룩소는 얘비소로 자라도
코뚜레를 꿰지 않을 것이다
그래서 그의 소는 웃고 있다

아폴론의 구애를 피해 쫓김을 당하던 다프네가
아폴론의 손길이 닿자 월계수로 변하는
그리스 신화의 세계를 그는 사슴의 뿔이 소나무로
변하는 동양적 신화의 세계로 보여준다
식물도 동물도 구별됨이 없이 넘나드는 세상
하나되는 세상이다

그이 그림에는 선線이 보이지 않는다
파스텔화처럼 얇게 펴져 있는 색
물감들도 경계 없이 깔려 있다
수묵화처럼 번져 있는 것 같다

다음에 그는 또 무엇에 취하여 우리를
취케 하는 얘길 해 줄 것인가

그가 보여줄, 그가 들려줄 아름다운
세상 얘기가 기다려 진다

말이 꽃밭에
들어가니
말발굽에서
꽃향기 나네

다육이 프로리페라

집 많이 비우고 게으른 나에게
딱 맞는 화초라고 다육이 키운다

프로리페라란 다육이 노란 꽃 피웠다
암수가 꽃속에 같이 사는 자웅동체라
꽃지면서 새빨간 열매 바로 맺는다

합궁하여 새끼 깐다

저출산국 대한민국 프로리페라 닮았으면

사형선고 받은 풀

황령산을 오르는데 서 있는 표지판

생태교란 식물 제거 활동
대상식물 : 돼지풀, 도깨비 가지
대상지 : 황령산, 장자산
연락처 : 공원복지과

죄목이 생태교란

죽을죄만 지었을까

그 봄의 소문

아우성이다
꽃이란 꽃은
한꺼번에 다

꽃도 차례를 지켜
기다릴 줄 알았는데

매화꽃이 지고 잎이 나야
홑벚꽃이 피고 진 뒤에야 겹벚꽃이
목련도 백목련 뒤이어 자목련이 피던데
진달래 개나리 산수유 매화 벚꽃
박태기꽃 한꺼번에 피어

온천지가 꽃이다
야단났다

속도위반은 바람난 날씨탓이라고
그해 봄에 소문이 돌았다

이 한마디가

"저 아이가 우리반 아이예요"

담임 선생님이 다른반 선생님께 말한
이 한마디를 듣고

내 친구의 초등학교 1학년인 외손녀는
매일 아침 일찍 교실청소 돕는 것을 자원했다네
그래서 노래하며 서둘러 학교 간다네

손녀가 엄마에게
엄마는 엄마의 엄마인 할머니에게
할머니는 친구인 나에게 들려준 말을
나는 시로 적어 보네

아무것도 아닌 것 같은데
아무것도 아닌 것이 아닌 것 같아

부처손에게

참 좋겠다
너의 이름이
잎이 오그라들 때 모습이
부처님의 손같다고 부처손
부활초 장생불사초 만년초
너의 다른 이름도 다 뜻깊네

알고 보니 모습만으로 붙은 이름이 아니네

*따뜻하고 독이 없고 맵고 단 너의 성질이
아픈사람 보듬는 부처손이 되었구나

혈관속 찌꺼기를 청소해주는 청소부가
되었다가, 기관지 천식, 여성생리때도
너의 손길이, 놀라운 건 항함치료까지

이름값 제대로 하고 있는
너에게 부끄로워 두 손을 오므린다

* 동의보감에 기록이 있음

편지

할머니
돌아오시면 좋겠어요
민준

정관 추모공원을 걷다 만난
삐뚤삐뚤한 아이 글씨로 쓴
비문

편지 같다

할머니 돌아가셨다니까
할머니 돌아오시라고 쓴
죽음 모르는 아이의 편지

먼길 떠난 할머니 웃고 계신다

누군가가

교회에 갔다
눈 수술하고 한 달 만이다
갈 수 있어 감사하다
눈을 감고 찬양을 듣는다
가사가 은혜스럽다

'너를 위해 누군가가 기도하고 있네'

누군가가 나도 모르는 누군가가
날 위해 기도하고 있다

그렇구나
이때까지 살아 온 나의 무탈한 삶이
바로 그 누군가의 기도의 힘이었구나 덕분이구나

영의 눈이 어두워 보지 못했는데
예수님의 염려하는 모습이 보인다
굽어보는 눈길
엎드려 있는 내 등도 어루만져 주시고
토닥여 주셨구나

내 육안만 밝아지길 기도했던 그래서
이 세상의 것을 잘 보게 해달라고 했던 내 기도
이제 엎드려 기도한다 기도합니다
제 영과 육의 눈이 함께 밝아지길 바랍니다
아멘

*엘 디아브로 레스트랑

〈악마의 레스트랑〉에 왔다
화산이 터진 분화구에서
아직도 솟아나는 열기로
구운 고기를 먹는다

스페인땅 카나리아 군도인 란사로테 섬
그 섬에 있는 티만파야는
화산이 터진 황량하고 거친 모습으로
국립공원이 되었다 사람을 부른다
거기에 고향을 사랑한 세계적인 예술가
세시르만리케가 설계한 〈악마의 레스트랑〉

300년의 세월을
땅 속에서 숨쉬며 살아온 숨가쁨
그 꺼지지 않는 불길은
열정인가 분노인가

화산의 지옥불로 구운 고기 바비큐
맛도 마음도 천국이네
곁에 온 이 섬의 안내자 악마가 웃고 있다

* 엘 디아브로(El Diablo) : 스페인어로 악마라는 뜻

나의 춤

철 지난
과일처럼

맛도 향기도 빠진
내 삶의 추임새

난 들썩인다
춤사위를 놓치지 않으려고

아롱아!

북유럽 여행길
개만 보면 아롱아!라고 부르며
눈물 짓는 부부를 만났다

그랬었다
열여덟 해 기른 수캐 아롱이
퇴근길 동료들과 술자리 끝내고 돌아올 때도
잊지 않고 챙기는 건 아롱이의 간식
돼지갈비 맛있게 뜯는 아롱이 곁에
막내 아들
“아빠 나도 좀 먹으면 안돼”
부러워 하기도 했다는데

18년을 함께 살고 딱 하루 밥 못 먹고
그들 곁을 떠난지 두 달
“또 한 마리 키우시죠” 그러니까
“아직은 아직은 다른 누구에게 내어 줄 가슴이
남지 않았어요
앞으로도 앞으로도 그럴 것 같아요”
그러며 또 허공을 향해 아롱아! 부른다

부끄럽구나
나 언제 저런 살뜰한 사랑을
사람한테라도 해 봤나

희미하고 아득하다

주름살

거울 속의 나
내가 맞나

시간의 선물인 주름들아
시간보다 빨리 지은 것 같아
시간에 맞추어 가면 돼
좀 게으러져 늦추어 가면 고맙고

*안나 마냐니가 *페리니 감독에게
한 말이 생각나
"내 주름살은 수정하지 말아요
오래 걸려 만들어진 거니까"

시간의 작품인 내 주름살
그 골 속에 담긴 내가
나를 보며 웃는다

* 안나 마냐니 : 아태리 여자 영화배우
<무방비도시> <라모르> <맘마 로마> … 등
* 페데리코 페리니 : 이태리 영화감독
<무방비도시> <라모르> <길> <8½> … 등